Impressum
Verlag: BABADADA GmbH, Nedderfeld 112 , 22529 Hamburg
Geschäftsführer / Verlagsleitung: Harald Hof
Druck: Books on Demand GmbH, In de Tarpen 42, 22848 Norderstedt

Imprint
Publisher: BABADADA GmbH, Nedderfeld 112 , 22529 Hamburg, Germany
Managing Director / Publishing direction: Harald Hof
Print: Books on Demand GmbH, In de Tarpen 42, 22848 Norderstedt, Germany

mokykla
Šola

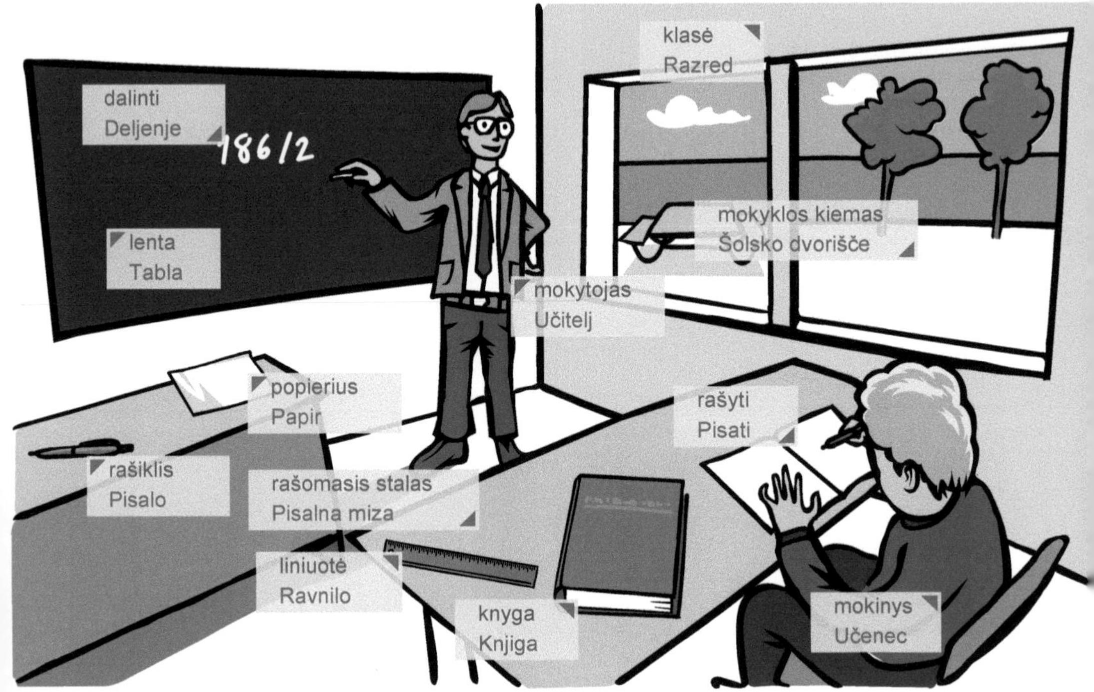
klasė
Razred
dalinti
Deljenje
186/2
lenta
Tabla
mokyklos kiemas
Šolsko dvorišče
mokytojas
Učitelj
popierius
Papir
rašyti
Pisati
rašiklis
Pisalo
rašomasis stalas
Pisalna miza
liniuotė
Ravnilo
knyga
Knjiga
mokinys
Učenec

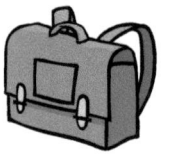

kuprinė

Šolska torba

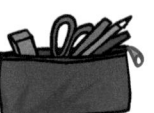

penalas

Peresnica

pieštukas

Svinčnik

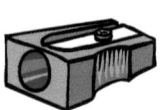

drožtukas

Šilček

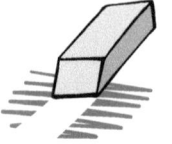

trintukas

Radirka

piešimo bloknotas

Risalni blok

piešinys

Risba

teptukas

Čopič

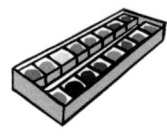

dažų dėžutė

Vodene barvice

žirklės

Škarje

klijai

Lepilo

vadovėlis

Zvezek

namų darbai

Domača naloga

numeris

Število

pridėti

Seštevanje

atimti

Odštevanje

dauginti

Množenje

skaičiuoti

Računanje

raidė

Črka

abėcėlė

Abeceda

žodis

Beseda

tekstas

Besedilo

skaityti

Brati

kreida

Kreda

pamoka

Učna ura

dienynas

Redovalnica

egzaminas

Preizkus znanja

pažymėjimas

Spričevalo

mokyklinė uniforma

Šolska uniforma

išsilavinimas

Izobrazba

enciklopedija

Enciklopedija

universitetas

Univerza

mikroskopas

Mikroskop

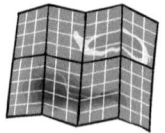

žemėlapis

Zemljevid

šiukšliadėžė

Koš za smeti

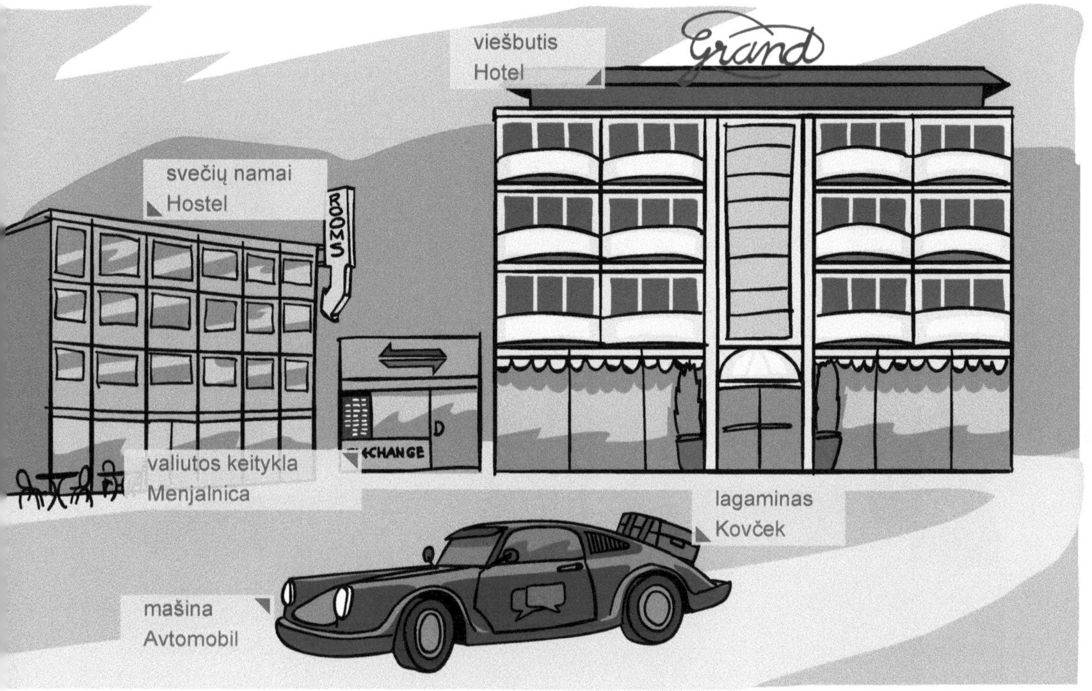
viešbutis
Hotel
Grand
svečių namai
Hostel
ROOMS
valiutos keitykla
Menjalnica
EXCHANGE
lagaminas
Kovček
mašina
Avtomobil

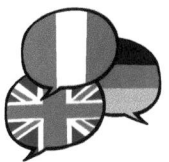

kalba
Jezik

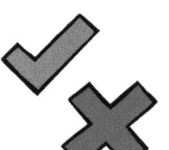

taip / ne
da / ne

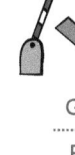

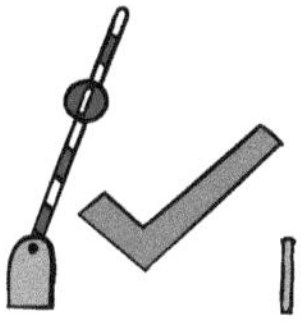

Gerai
Prav

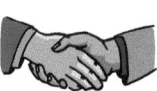

sveiki
Pozdravljeni

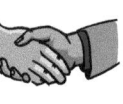

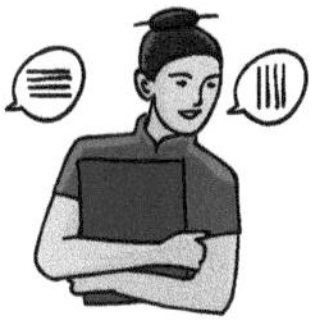

vertėjas raštu
Prevajalec

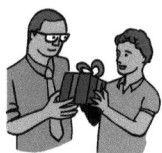

Ačiū
Hvala

kiek kainuoja...?

Koliko stane...?

aš nesuprantu

Ne razumem

problema

Težava

Labas vakaras!

Dober večer!

Labas rytas!

Dobro jutro!

Labos nakties!

Lahko noč!

viso gero

Nasvidenje

kryptis

Smer

bagažas

Prtljaga

krepšys

Torba

kuprinė

Nahrbtnik

svečias

Gost

kambarys

Soba

miegmaišis

Spalna vreča

palapinė

Šotor

turizmo informacija

Turistične informacije

paplūdimys

Plaža

kreditinė kortelė

Kreditna kartica

pusryčiai

Zajtrk

pietūs

Kosilo

vakarienė

Večerja

bilietas

Vozovnica

liftas

Dvigalo

pašto ženklas

Znamka

siena

Meja

muitinė

Carina

ambasada

Veleposlaništvo

viza

Vizum

pasas

Potni list

transportas
Prevoz

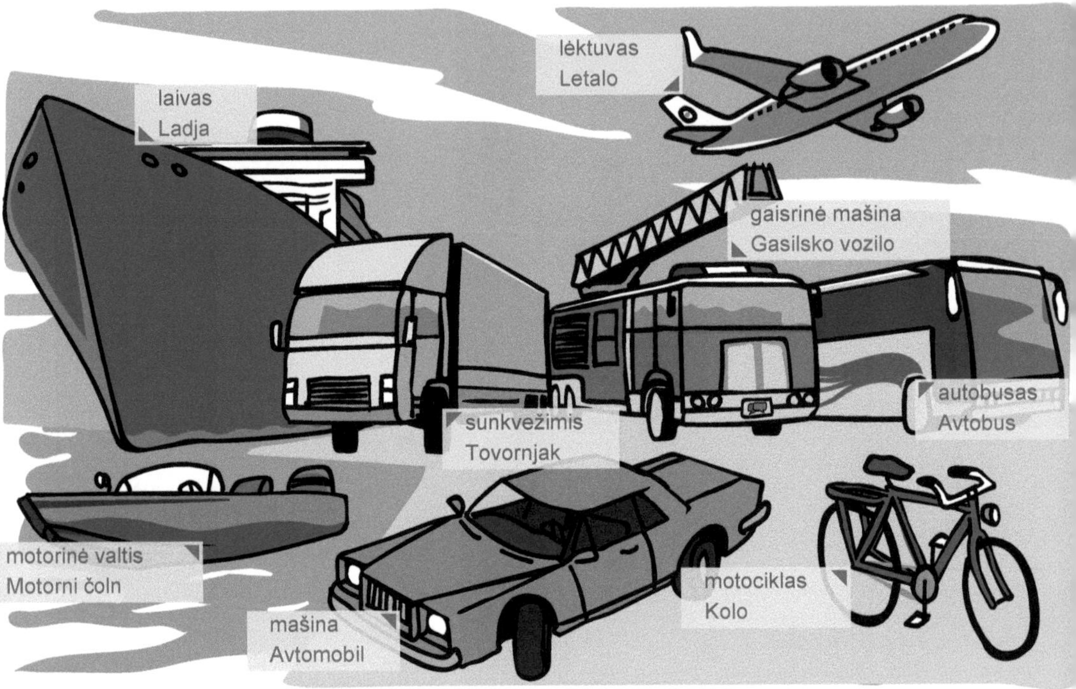

lėktuvas
Letalo
laivas
Ladja
gaisrinė mašina
Gasilsko vozilo
autobusas
Avtobus
sunkvežimis
Tovornjak
motorinė valtis
Motorni čoln
motociklas
Kolo
mašina
Avtomobil

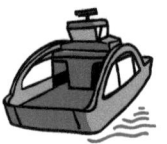

keltas
Trajekt

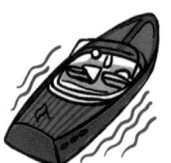

valtis
Čoln

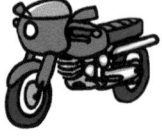

mopedas
Motorno kolo

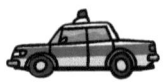

policijos automobilis
Policijski avto

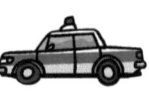

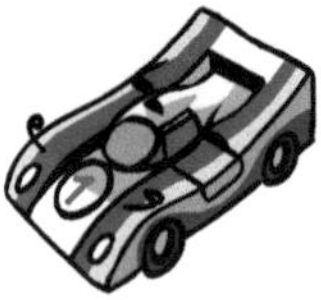

lenktyninis automobilis
Dirkalni avto

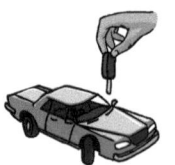

nuomojamas automobilis
Najeto vozilo

bendras automobilio
naudojimas
....
Souporaba avtomobila

techninės pagalbos
automobilis
....
Avtovleka

šiukšliavežė
....
Smetarsko vozilo

variklis
....
Motor

degalai
....
Gorivo

degalinė
....
Bencinska postaja

kelio ženklas
....
Prometni znak

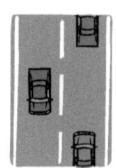

eismas
....
Promet

eismo spūstis
....
Zastoj

mašinų stovėjimo aikštelė
....
Parkirišče

traukinių stotis
....
Železniška postaja

bėgiai
....
Tirnice

traukinys
....
Vlak

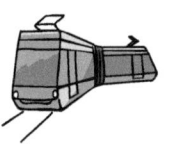

tramvajus
....
Tramvaj

vagonas
....
Vagon

sraigtasparnis

Helikopter

oro uostas

Letališče

bokštas

Stolp

keleivis

Potnik

konteineris

Kontejner

dėžė

Karton

vežimėlis

Voziček

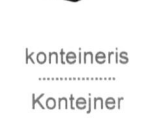

krepšys

Košara

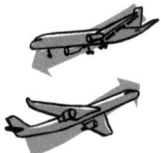

pakilti / nusileisti

vzleteti / pristati

miestas

Mesto

kaimas

Vas

miesto centras

Mestno jedro

namas

Hiša

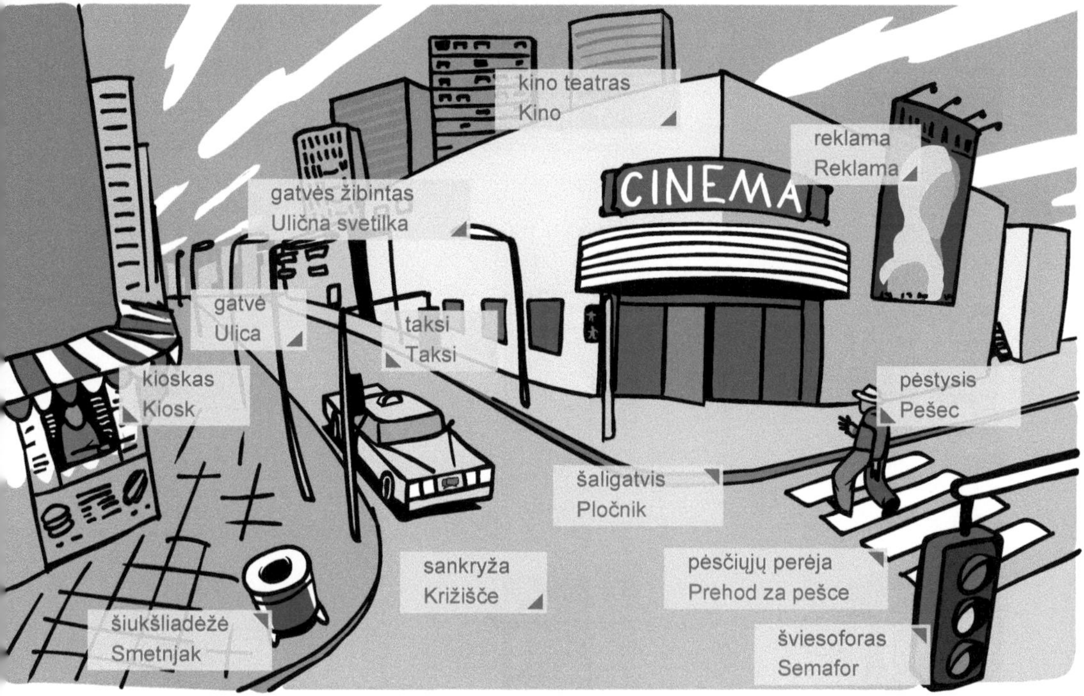

kino teatras
Kino
reklama
Reklama
CINEMA
gatvės žibintas
Ulična svetilka
gatvė
Ulica
taksi
Taksi
kioskas
Kiosk
pėstysis
Pešec
šaligatvis
Pločnik
sankryža
Križišče
pėsčiųjų perėja
Prehod za pešce
šiukšliadėžė
Smetnjak
šviesoforas
Semafor

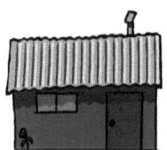

trobelė

Koča

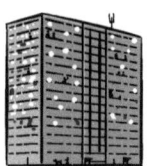

butas

Stanovanje

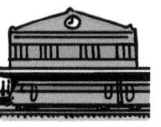

traukinių stotis

Železniška postaja

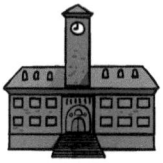

rotušė

Mestna hiša

MUSEUM

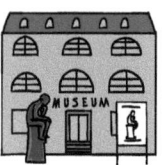

muziejus

Muzej

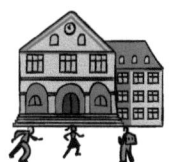

mokykla

Šola

universitetas

Univerza

bankas

Banka

ligoninė

Bolnišnica

viešbutis

Hotel

vaistinė

Lekarna

biuras

Pisarna

knygynas

Knjigarna

parduotuvė

Trgovina

gėlių parduotuvė

Cvetličarna

prekybos centras

Supermarket

turgus

Tržnica

universalinė parduotuvė

Veleblagovnica

žuvies parduotuvė

Ribarnica

prekybos centras

Nakupovalno središče

uostas

Pristanišče

parkas

Park

suoliukas

Klop

tiltas

Most

laiptai

Stopnice

metro

Podzemna železnica

tunelis

Predor

autobusų stotelė

Avtobusno postajališče

baras

Bar

restoranas

Restavracija

lauko pašto dėžutė

Poštni nabiralnik

kelio ženklas

Ulična tabla

parkomatas

Parkirna ura

zoologijos sodas

Živalski vrt

baseinas

Kopališče

mečetė

Mošeja

ūkininko ūkis
Kmetija

tarša
Onesnaževanje

kapinės
Pokopališče

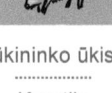

bažnyčia
Cerkev

žaidimų aikštelė
Otroško igrišče

šventykla
Tempelj

kraštovaizdis
Pokrajina

lapas
List

kelio rodyklė
Kažipot

kelias
Pot

pieva
Travnik

akmuo
Kamen

medis
Drevo

ėjikas
Pohodnik

upė
Reka

žolė
Trava

gėlė
Cvetlica

slėnis
Dolina

kalva
Hrib

ežeras
Jezero

miškas
Gozd

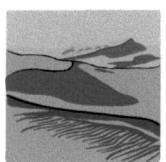

dykuma
Puščava

ugnikalnis
Vulkan

pilis
Grad

vaivorykštė
Mavrica

grybas
Goba

palmė
Palma

uodas
Komar

musė
Muha

skruzdėlė
Mravlja

bitė
Čebela

voras
Pajek

vabalas

Hrošč

varlė

Žaba

voverė

Veverica

ežys

Jež

kiškis

Zajec

pelėda

Sova

paukštis

Ptič

gulbė

Labod

šernas

Divji prašič

elnias

Jelen

briedis

Los

užtvanka

Jez

vėjo jėgainė

Vetrnica

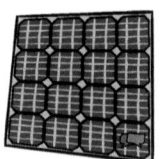

saulės baterija

Solarna plošča

klimatas

Podnebje

restoranas
Restavracija

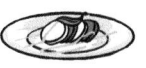

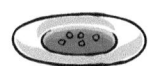

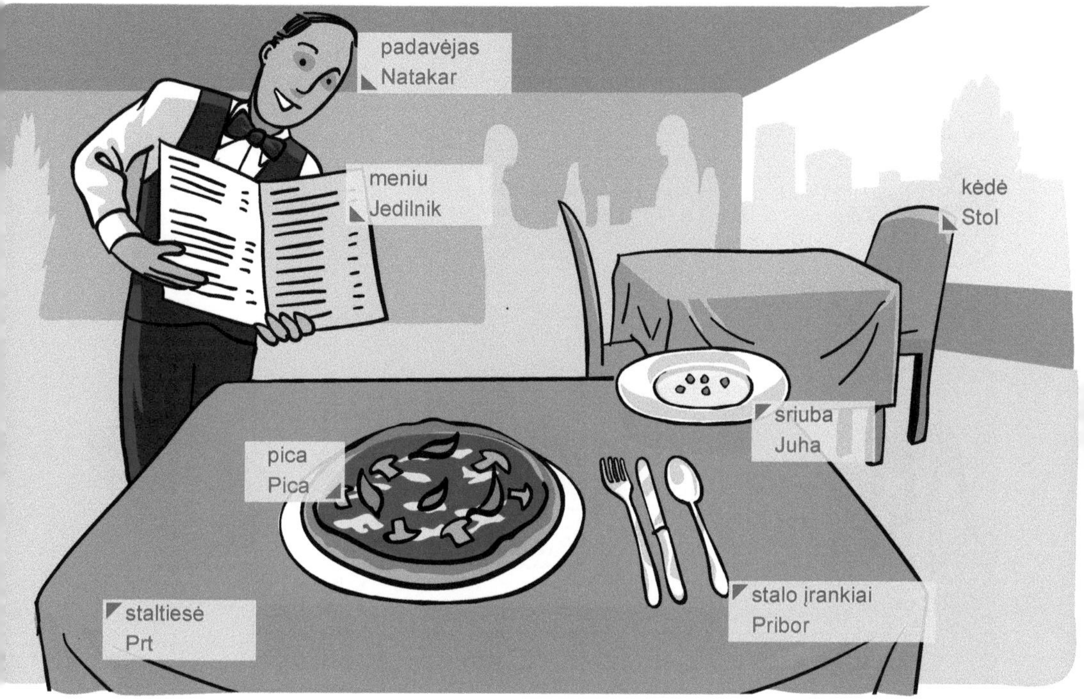

padavėjas
Natakar
meniu
Jedilnik
kėdė
Stol
sriuba
Juha
pica
Pica
stalo įrankiai
Pribor
staltiesė
Prt

užkandis

Predjed

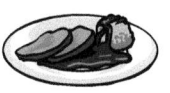

pagrindinis patiekalas

Glavna jed

desertas

Sladica

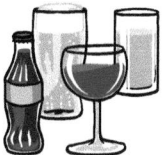

gėrimai

Pijače

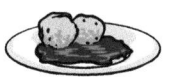

maistas

Hrana

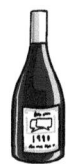

butelis

Steklenica

greitai pateikiamas maistas

Hitra hrana

gatvės maistas

Ulična hrana

arbatinukas

Čajnik

cukrinė

Sladkornica

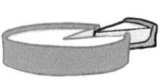

porcija

Porcija

espreso aparatas

Aparat za espresso

aukšta kėdė

Stolček za hranjenje

sąskaita

Račun

padėklas

Pladenj

peilis

Nož

šakutė

Vilica

šaukštas

Žlica

arbatinis šaukštelis

Čajna žlička

servetėlė

Servieta

stiklinė

Kozarec

restoranas - Restavracija

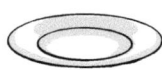

lėkštė

Krožnik

sriubos lėkštė

Globoki krožnik

padėklas

Krožniček

padažas

Omaka

druskinė

Solnica

pipirų malūnėlis

Mlinček za poper

actas

Kis

aliejus

Olje

prieskoniai

Začimbe

kečupas

Kečap

garstyčios

Gorčica

majonezas

Majoneza

prekybos centras
Supermarket

specialus pasiūlymas
Posebna ponudba
FOR
pirkėjas
Stranka
pieno produktai
Mlečni izdelki
vaisiai
Sadje
troleibusas
Nakupovalni voziček

BUTCHERS

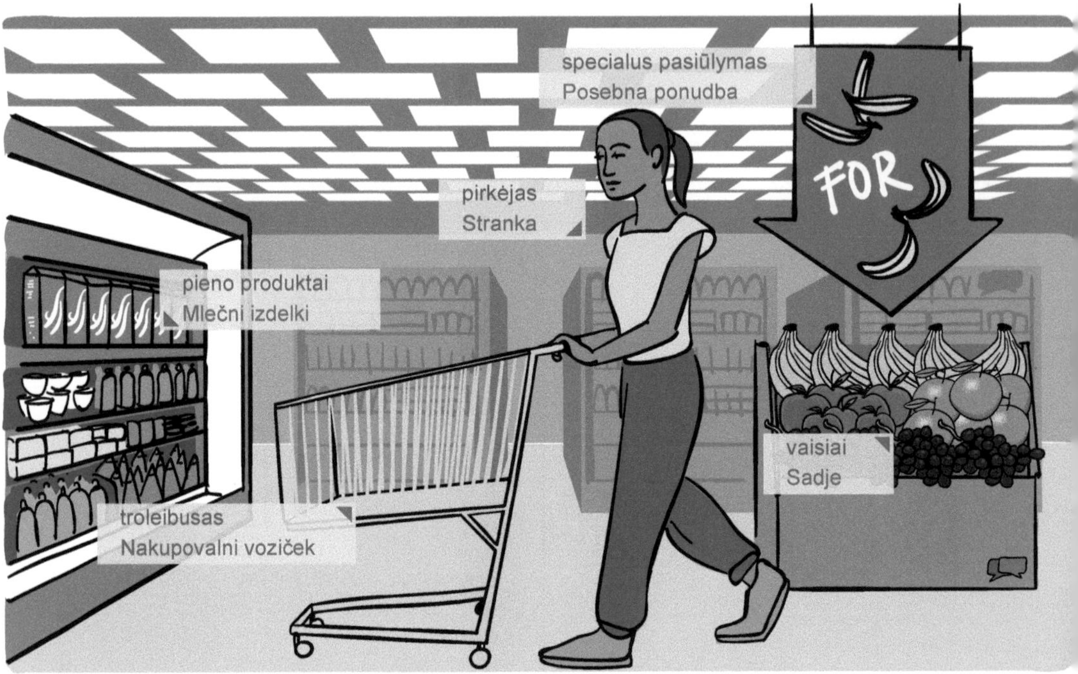

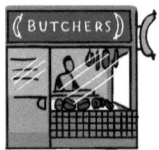

mėsos parduotuvė

Mesnica

BAKERY

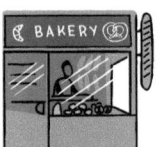

kepykla

Pekarna

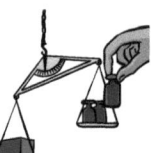

sverti

Tehtati

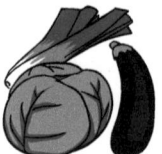

daržovės

Zelenjava

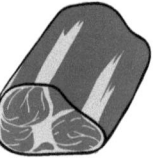

mėsa

Meso

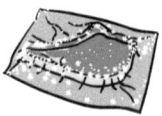

šaldytas maistas

Zamrznjena hrana

šalti mėsos užkandžiai

Hladne mesnine

konservai

Konzerve

skalbimo milteliai

Pralni prašek

saldumynai

Sladkarije

ūkinės prekės

Gospodinjski izdelki

valymo priemonės

Čistilno sredstvo

pardavėja

Prodajalka

kasos aparatas

Blagajna

kasininkas

Blagajnik

pirkinių sąrašas

Nakupovalni seznam

darbo valandos

Delovni čas

piniginė

Denarnica

kreditinė kortelė

Kreditna kartica

maišelis

Torba

plastikinis maišelis

Plastična vrečka

vanduo

Voda

sultys

Sok

pienas

Mleko

kola

Kola

vynas

Vino

alus

Pivo

alkoholis

Alkohol

kakava

Kakav

arbata

Čaj

kava

Kava

espresas

Espresso

kapučinas

Kapučino

bananas

Banana

obuolys

Jabolko

apelsinas

Pomaranča

arbūzas

Lubenica

citrina

Limona

morka

Korenje

česnakas

Česen

bambukas

Bambus

svogūnas

Čebula

grybas

Goba

riešutai

Oreščki

makaronai

Rezanci

spagečiai

Špageti

ryžiai

Riž

salotos

Solata

traškučiai

Ocvrt krompirček

keptos bulvės

Pečen krompir

pica

Pica

mėsainis

Hamburger

sumuštinis

Sendvič

pjausnys

Zrezek

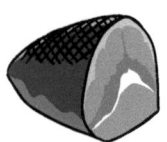

kumpis

Šunka

saliamis

Salama

dešrelė

Klobasa

vištiena

Piščanec

kepsnys

Pečenka

žuvis

Riba

avižų dribsniai

Ovseni kosmiči

dribsniai su priedais

Musli

kukurūzų dribsniai

Koruzni kosmiči

miltai

Moka

prancūziškasis ragelis

Rogljiček

bandelė

Žemlja

duona

Kruh

skrebutis

Prepečenec

sausainiai

Piškoti

sviestas

Maslo

varškė

Skuta

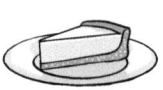

tortas

Torta

kiaušinis

Jajce

kiaušinienė

Pečeno jajce na oko

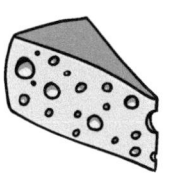

sūris

Sir

ledai

Sladoled

cukrus

Sladkor

medus

Med

uogienė

Marmelada

tepamas šokoladas

Čokoladni namaz

karis

Kari

ūkininko ūkis
Kmetija

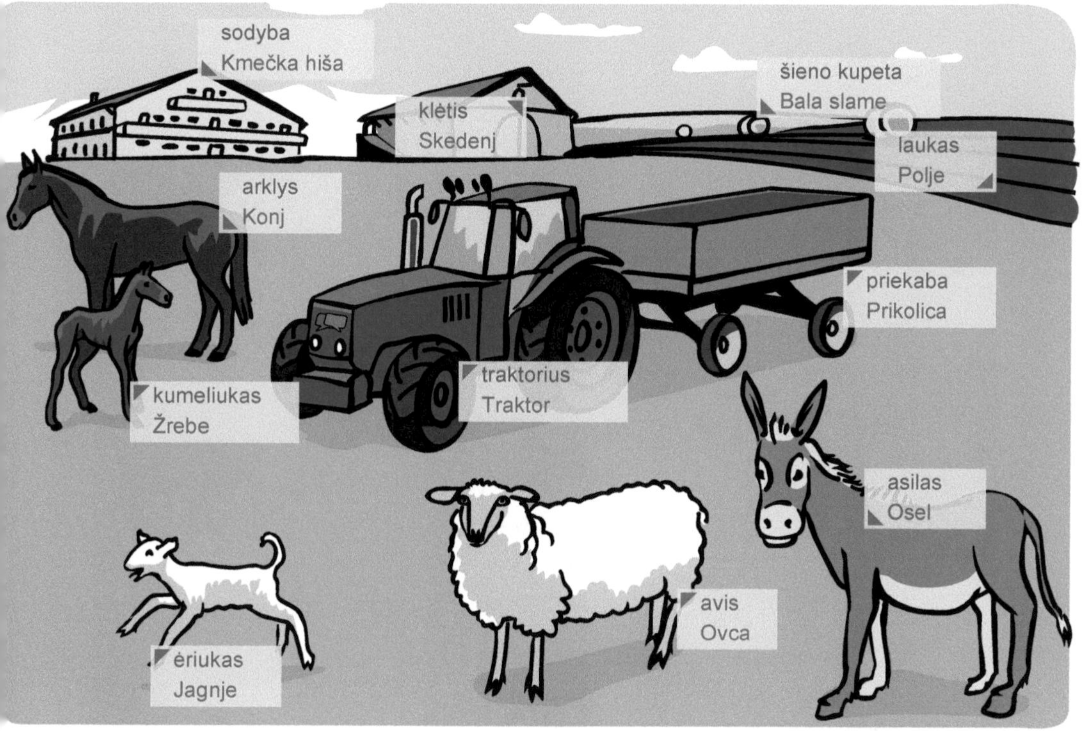
sodyba
Kmečka hiša
šieno kupeta
Bala slame
klėtis
Skedenj
laukas
Polje
arklys
Konj
priekaba
Prikolica
traktorius
Traktor
kumeliukas
Žrebe
asilas
Osel
avis
Ovca
ėriukas
Jagnje

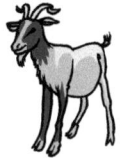

ožys

Koza

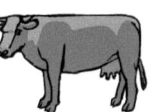

karvė

Krava

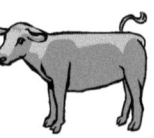

veršis

Tele

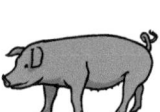

kiaulė

Prašič

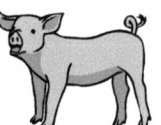

paršelis

Pujsek

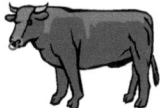

bulius

Bik

žąsis

Gos

antis

Raca

viščiukas

Piščanec

višta

Kokoš

gaidys

Petelin

žiurkė

Podgana

katė

Mačka

pelė

Miš

jautis

Vol

šuo

Pes

šuns būda

Pasja uta

sodo namas

Cev za zalivanje

laistytuvas

Kangla za zalivanje

dalgis

Kosa

plūgas

Plug

pjautuvas
Srp

kauptukas
Motika

šakės
Vile

kirvis
Sekira

statinė
Samokolnica

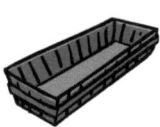

lovys
Korito

bidonas
Kangla za mleko

maišas
Vreča

tvora
Ograja

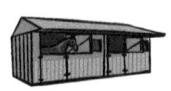

arklidė
Hlev

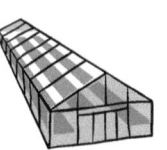

šiltnamis
Rastlinjak

dirva
Prst

sėkla
Seme

trąšos
Gnojilo

kombainas
Kombajn

rinkti

Žeti

derlius

Žetev

saldžiosios bulvės

Jam

kviečiai

Pšenica

soja

Soja

bulvė

Krompir

kukurūzai

Koruza

rapsai

Oljna ogrščica

vaismedis

Sadno drevo

manijokas

Maniok

grūdai

Žito

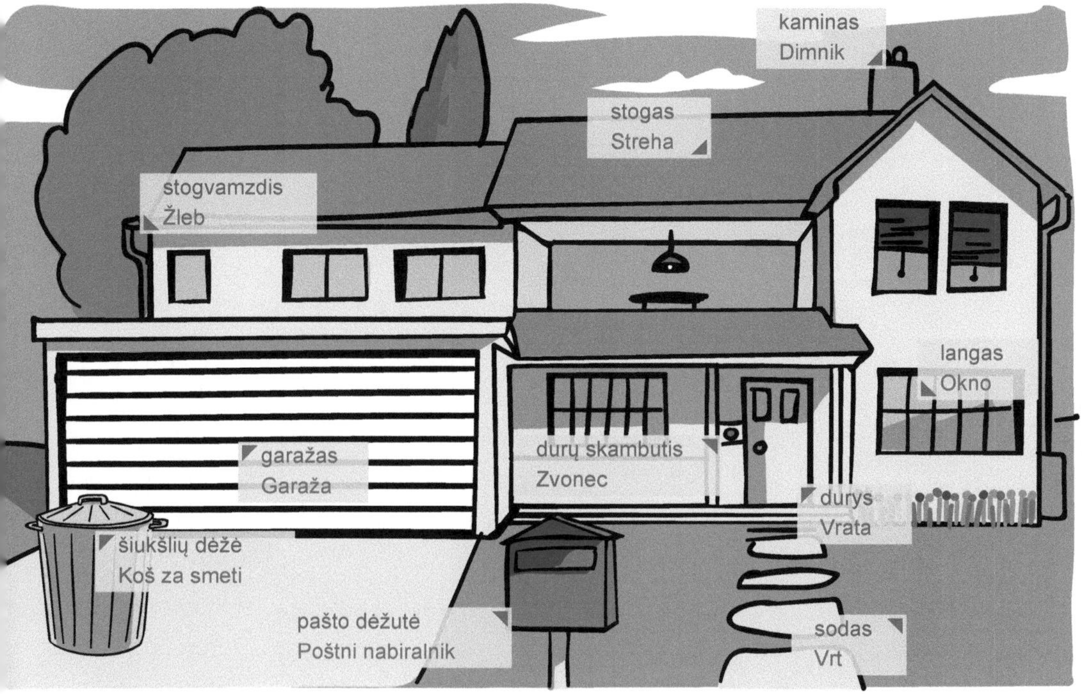

kaminas
Dimnik

stogas
Streha

stogvamzdis
Žleb

langas
Okno

garažas
Garaža

durų skambutis
Zvonec

durys
Vrata

šiukšlių dėžė
Koš za smeti

pašto dėžutė
Poštni nabiralnik

sodas
Vrt

svetainė

Dnevna soba

vonios kambarys

Kopalnica

virtuvė

Kuhinja

miegamasis

Spalnica

vaiko kambarys

Otroška soba

valgomasis

Jedilnica

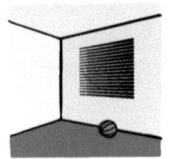

grindys

Tla

siena

Stena

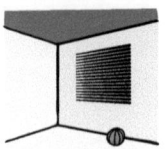

lubos

Strop

rūsys

Klet

sauna

Savna

balkonas

Balkon

terasa

Terasa

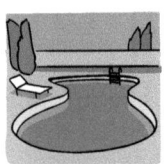

baseinas

Bazen

žoliapjovė

Kosilnica

paklodė

Rjuha

lovatiesė

Posteljno pregrinjalo

lova

Postelja

šluota

Metla

kibiras

Vedro

jungiklis

Stikalo

svetainė
Dnevna soba

tapetai
Tapeta
nuotrauka
Slika
šviestuvas
Svetilka
lentyna
Polica
spintelė
Omara
televizorius
Televizor
židinys
Kamin
gėlė
Cvetlica
pagalvėlė
Blazina
sofa
Zofa
vaza
Vaza
nuotolinio valdymo pultelis
Daljinski upravljalnik

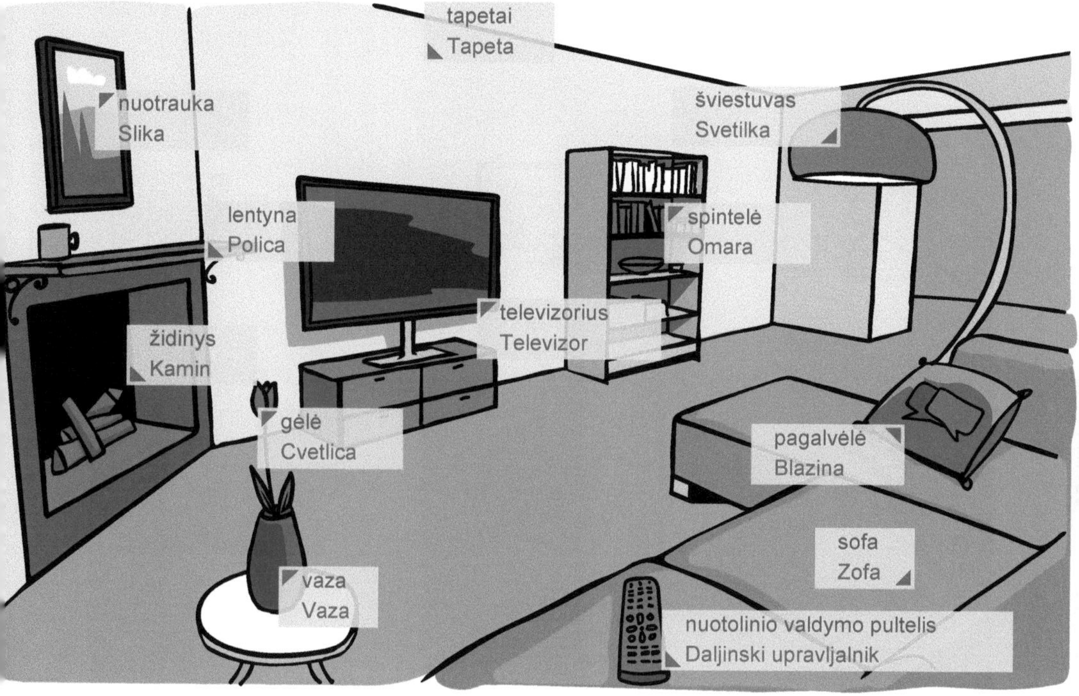

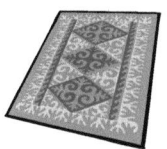

kilimas

Preproga

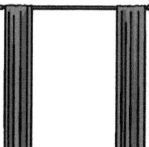

užuolaida

Zavesa

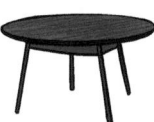

stalas

Miza

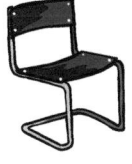

kėdė

Stol

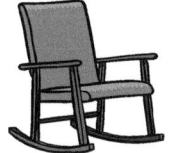

supamasis krėslas

Gugalnik

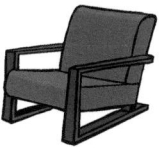

fotelis

Naslanjač

knyga

Knjiga

antklodė

Odeja

papuošimai

Dekoracija

malkos

Drva

filmas

Film

stereo aparatūra

Glasbeni stolp

raktas

Ključ

laikraštis

Časopis

paveikslas

Slika

plakatas

Plakat

radijas

Radio

užrašų knygelė

Beležka

dulkių siurblys

Sesalnik

kaktusas

Kaktus

žvakė

Sveča

virtuvė
Kuhinja

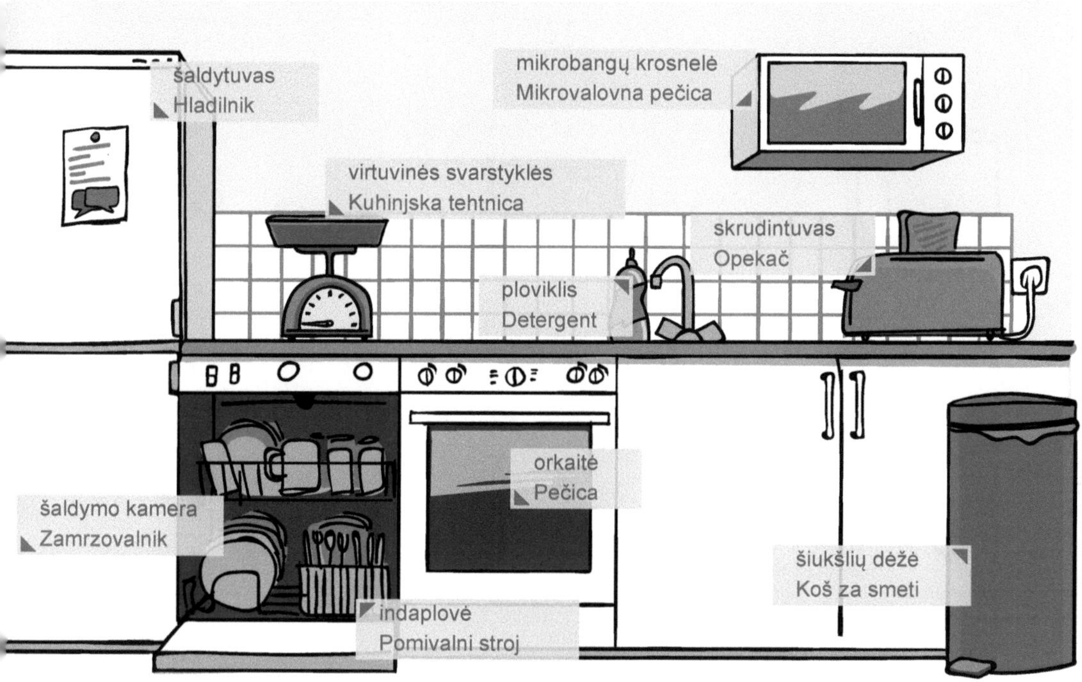

šaldytuvas
Hladilnik
mikrobangų krosnelė
Mikrovalovna pečica
virtuvinės svarstyklės
Kuhinjska tehtnica
skrudintuvas
Opekač
ploviklis
Detergent
orkaitė
Pečica
šaldymo kamera
Zamrzovalnik
šiukšlių dėžė
Koš za smeti
indaplovė
Pomivalni stroj

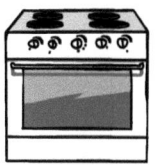

viryklė
....
Kozica

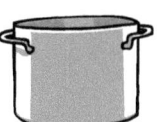

puodas
....
Lonec

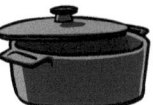

ketaus puodas
....
Litoželezni lonec

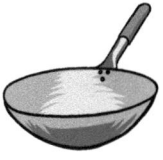

„wok“ keptuvė
....
Vok / kadai

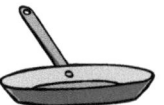

keptuvė
....
Ponev

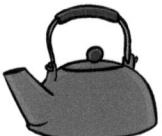

virdulys
....
Kotliček

garų puodas

Parni kuhalnik

kepimo skarda

Pekač

porceliano indai

Posoda

puodelis

Skodelica

dubuo

Skleda

valgomosios lazdelės

Jedilne paličice

samtis

Zajemalka

mentelė

Lopatica

plaktuvas

Metlica

koštuvas

Cedilnik

sietas

Cedilo

trintuvė

Strgalo

grūstuvė

Možnar

kepsninė

Žar

atvira liepsna

Ognjišče

pjaustymo lentelė

Deska za rezanje

kočėlas

Valjar

kamščiatraukis

Odpirač za steklenice

skardinė

Pločevinka

skardinių atidarytuvas

Odpirač za konzerve

puodkėlė

Prijemalka za posodo

kriauklė

Korito

šepetys

Ščetka

kempinė

Goba

trintuvas

Mešalnik

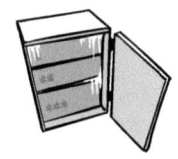

šaldiklis

Zamrzovalna skrinja

kūdikių buteliukas

Steklenička

čiaupas

Pipa

vonios kambarys
Kopalnica

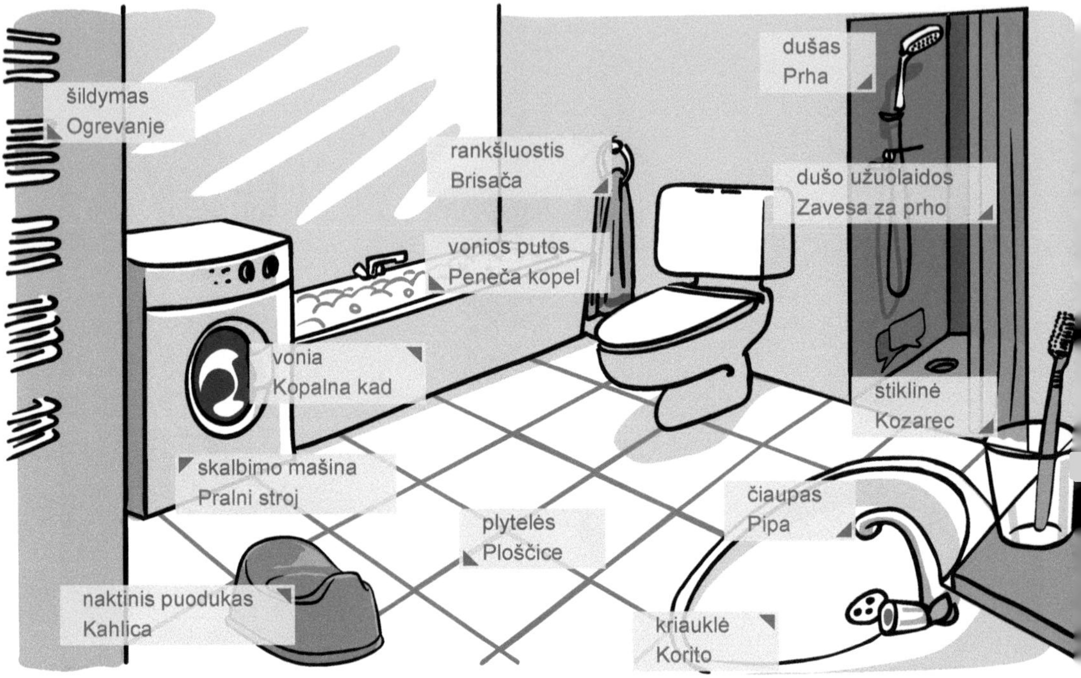

šildymas
Ogrevanje
rankšluostis
Brisača
dušas
Prha
dušo užuolaidos
Zavesa za prho
vonios putos
Peneča kopel
vonia
Kopalna kad
stiklinė
Kozarec
skalbimo mašina
Pralni stroj
čiaupas
Pipa
plytelės
Ploščice
naktinis puodukas
Kahlica
kriauklė
Korito

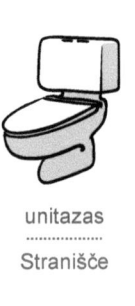

unitazas

Stranišče

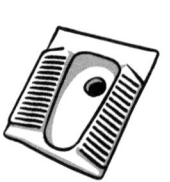

tupimasis unitazas

Stranišče na počep

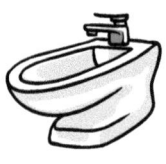

bidė

Bide

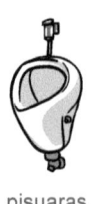

pisuaras

Pisoar

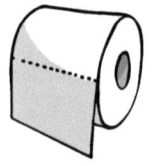

tualetinis popierius

Toaletni papir

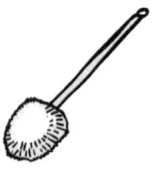

unitazo šepetys

Ščetka za straniščno školjko

dantų šepetėlis

Zobna ščetka

dantų pasta

Zobna pasta

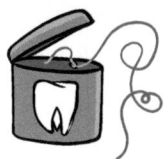

dantų siūlas

Zobna nitka

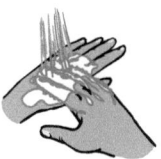

plauti

Umiti se

dušo galvutė

Ročna prha

higieninis dušas

Prha za intimne dele

praustuvas

Umivalnik

nugaros plaušinė

Krtača za hrbet

muilas

Milo

dušo želė

Gel za prhanje

šampūnas

Šampon

plaušinė

Krpica za miljenje

kanalizacija

Odtok

kremas

Krema

dezodorantas

Deodorant

veidrodis

Ogledalo

veidrodėlis

Ročno ogledalo

skustuvas

Britvica

skutimosi putos

Pena za britje

losjonas po skutimosi

Vodica po britju

šukos

Glavnik

šepetys

Ščetka

plaukų džiovintuvas

Sušilnik za lase

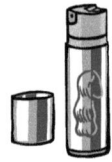

plaukų lakas

Lak za lase

makiažas

Ličila

lūpdažis

Šminka

nagų lakas

Lak za nohte

vata

Vatirane blazinice

žirklutės nagams

Škarjice za nohte

kvepalai

Parfum

maišelis skalbiniams

Toaletna torbica

taburetė

Stol brez naslonjala

svarstyklės

Osebna tehtnica

chalatas

Kopalni plašč

guminės pirštinės

Gumijaste rokavice

tamponas

Tampon

higieninis įklotas

Damski vložki

biotualetas

Kemično stranišče

vaiko kambarys
Otroška soba

žadintuvas
Budilka
pliušinis žaislas
Plišasta igrača
žaislinė mašinėlė
Avtomobilček
barškutis
Ropotuljica
lėlės namelis
Hiška za punčke
dovana
Darilo

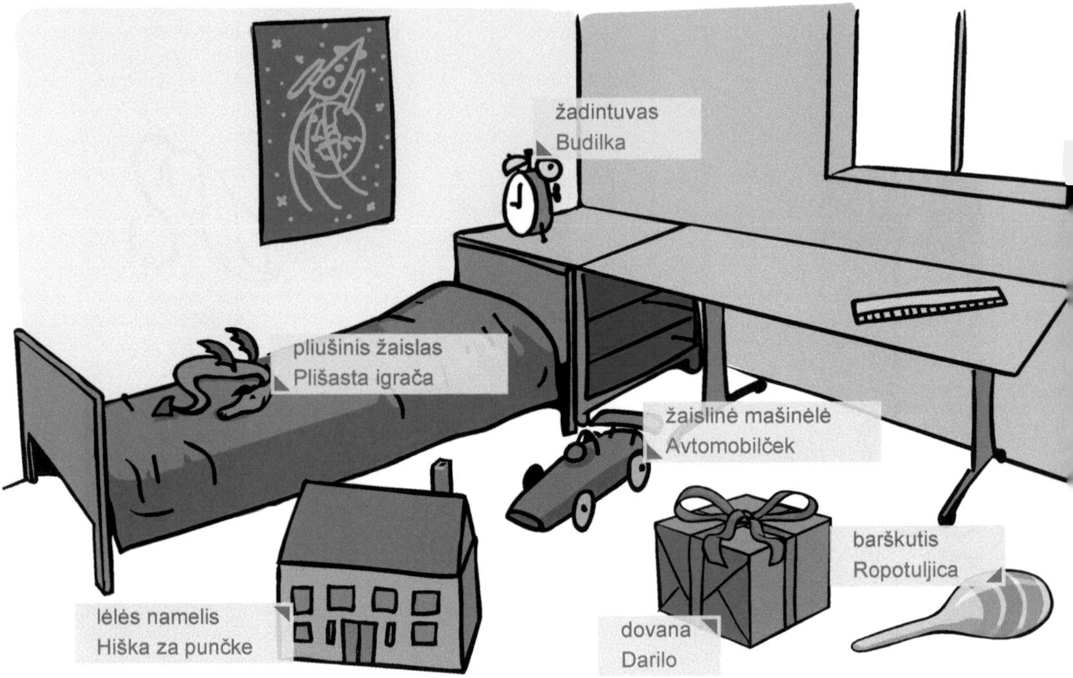

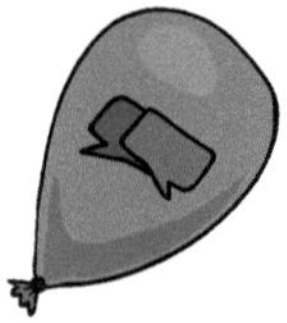

balionas

Balon

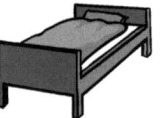

lova

Postelja

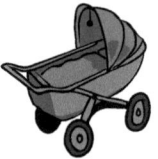

vaikiškas vežimėlis

Otroški voziček

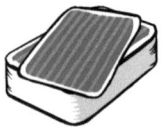

kortų malka

Igralne karte

delionė

Sestavljanka

SUPER
MEGA

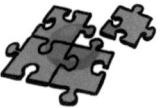

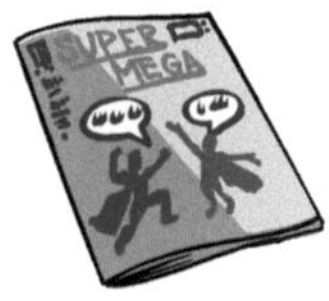

komiksai

Strip

lego kaladėlės
....
Lego kocke

žaislinės kaladėlės
....
Igralne kocke

figūrėlė
....
Akcijska figura

šliaužtinukai
....
Bodi

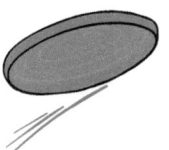

mėtymo lėkštė
....
Frizbi

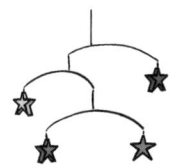

karuselė
....
Vrtiljak za posteljico

stalo žaidimas
....
Namizna igra

kauliukai
....
Kocka

žaislinis traukinys
....
Komplet modelov vlakov

žindukas
....
Duda

vakarėlis
....
Zabava

paveiksliukų knygelė
....
Slikanica

kamuolys
....
Žoga

lėlė
....
Lutka

žaisti
....
Igrati se

smėlio dėžė

Peskovnik

sūpynės

Gugalnica

žaislai

Igrače

žaidimų konsolė

Igralna konzola

triratukas

Tricikel

meškiukas

Plišasti medvedek

drabužių spinta

Garderoba

drabužis
Oblačilo

kojinės

Nogavice

kojinės virš kelių

Samostoječe nogavice

pėdkelnės

Hlačne nogavice

šalikas
Šal

diržas
Pas

skėtis
Dežnik

marškinėliai
Majica s kratkimi rokavi

ilgaauliai batai
Škornji

šlepetės
Copati

sportbačiai
Športni copati

sandalai
Sandali

batai
Čevlji

guminiai batai
Gumijasti škornji

trumpikės
Spodnje hlače

liemenėlė
Modrček

liemenė
Telovnik

drabužis - Oblačilo

glaustinukė
Bodi

kelnės
Hlače

džinsai
Kavbojke

sijonas
Krilo

palaidinė
Bluza

marškiniai
Srajca

megztinis
Pulover

megztinis su gobtuvu
Pletena jopica

švarkelis
Jopa

švarkas
Jakna

paltas
Plašč

lietpaltis
Dežni plašč

kostiumas
Kostim

suknelė
Obleka

vestuvinė suknelė
Poročna obleka

drabužis - Oblačilo

kostiumas

Obleka

naktiniai marškiniai

Spalna srajca

pižama

Pižama

saris

Sari

skarelė

Naglavna ruta

tiurbanas

Turban

burka

Burka

kaftanas

Kaftan

abaja

Abaja

maudymosi kostiumėlis

Kopalke

glaudės

Kopalne hlače

šortai

Kratke hlače

sportinis kostiumas

Trenirka

prijuostė

Predpasnik

pirštinės

Rokavice

saga

Gumb

akiniai

Očala

apyrankė

Zapestnica

vėrinys

Verižica

žiedas

Prstan

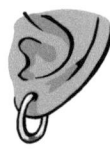

auskaras

Uhan

kepurė

Kapa

pakabas

Obešalnik

skrybėlė

Klobuk

kaklaraištis

Kravata

užtrauktukas

Zadrga

šalmas

Čelada

breketai

Naramnice

mokyklinė uniforma

Šolska uniforma

uniforma

Uniforma

drabužis - Oblačilo

seilinukas

Slinček

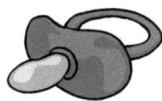

žindukas

Duda

vystyklai

Plenica

biuras
Pisarna

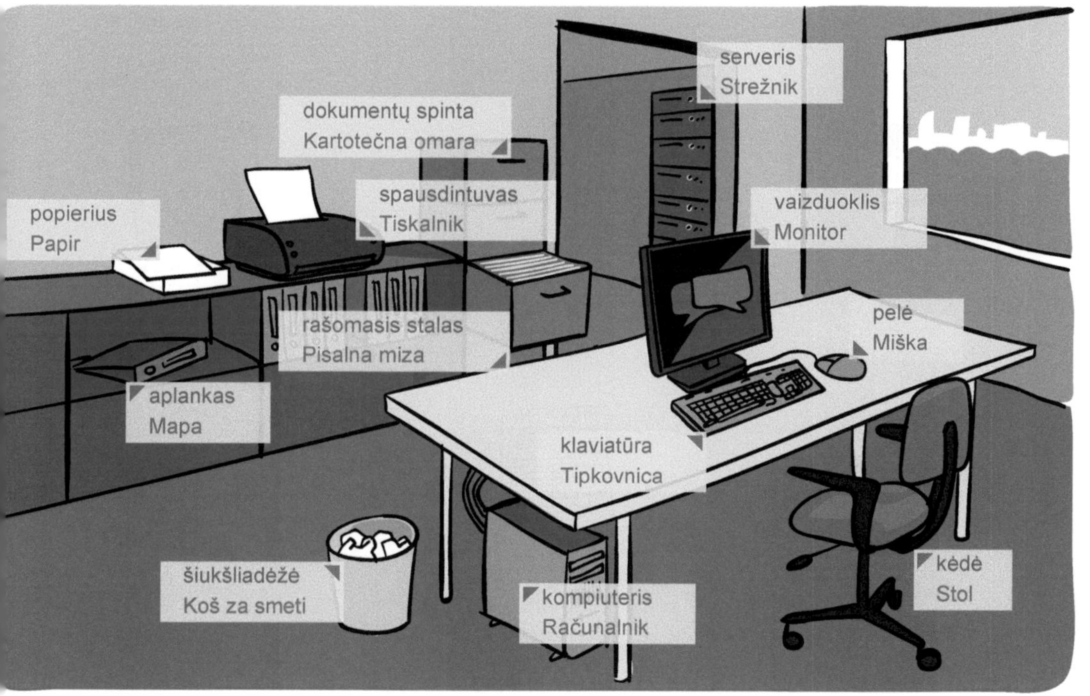

serveris
Strežnik

dokumentų spinta
Kartotečna omara

spausdintuvas
Tiskalnik

popierius
Papir

vaizduoklis
Monitor

rašomasis stalas
Pisalna miza

pelė
Miška

aplankas
Mapa

klaviatūra
Tipkovnica

šiukšliadėžė
Koš za smeti

kėdė
Stol

kompiuteris
Računalnik

kavos puodelis

Lonček za kavo

kalkuliatorius

Kalkulator

internetas

Internet

nešiojamasis kompiuteris

Prenosnik

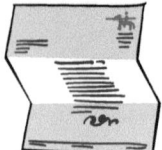

laiškas

Pismo

žinutė

Sporočilo

mobilusis telefonas

Mobilnik

tinklas

Omrežje

fotokopijavimo aparatas

Kopirni stroj

programinė įranga

Programska oprema

telefonas

Telefon

kištukinis lizdas

Vtičnica

faksas

Telefaks

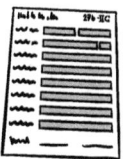

forma

Obrazec

dokumentas

Dokument

pirkti
Kupiti

mokėti
Plačati

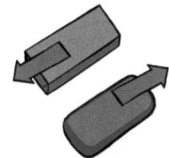

prekiauti
Trgovati

pinigai
Denar

doleris
Dolar

euras
Evro

jena
Jen

rublis
Rubelj

Šveicarijos frankas
Švičarski frank

juanis
Kitajski juan renminbi

rupija
Rupija

bankomatas
Bankomat

valiutos keitykla

Menjalnica

auksas

Zlato

sidabras

Srebro

nafta

Nafta

energija

Energija

kaina

Cena

sutartis

Pogodba

mokestis

Davek

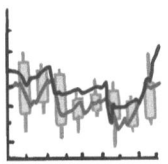

akcijos

Delnice

dirbti

Delati

darbuotojas

Delojemalec

darbdavys

Delodajalec

gamykla

Tovarna

parduotuvė

Trgovina

policininkas
Policist

ugniagesys
Gasilec

virėjas
Kuhar

gydytojas
Zdravnik

lakūnas
Pilot

sodininkas
....
Vrtnar

stalius
....
Mizar

siuvėja
....
Šivilja

teisėjas
....
Sodnik

chemikas
....
Kemik

aktorius
....
Igralec

autobuso vairuotojas

Voznik avtobusa

taksi vairuotojas

Taksist

žvejys

Ribič

valytoja

Čistilka

stogdengys

Krovec

padavėjas

Natakar

medžiotojas

Lovec

dailininkas

Pleskar

kepėjas

Pek

elektrikas

Električar

statybininkas

Gradbenik

inžinierius

Inženir

mėsininkas

Mesar

santechnikas

Vodovodni inštalater

paštininkas

Poštar

kareivis

Vojak

architektas

Arhitekt

kasininkas

Blagajnik

gėlininkas

Cvetličar

kirpėjas

Frizer

konduktorius

Sprevodnik

mechanikas

Mehanik

kapitonas

Kapitan

odontologas

Zobozdravnik

mokslininkas

Znanstvenik

rabinas

Rabin

imamas

Imam

vienuolis

Menih

kunigas

Duhovnik

įrankiai
Orodje

plaktukas
Kladivo
replės
Klešče
atsuktuvas
Izvijač
raktas
Vijačni ključ
suvirinimo aparat
Žepna svetilka

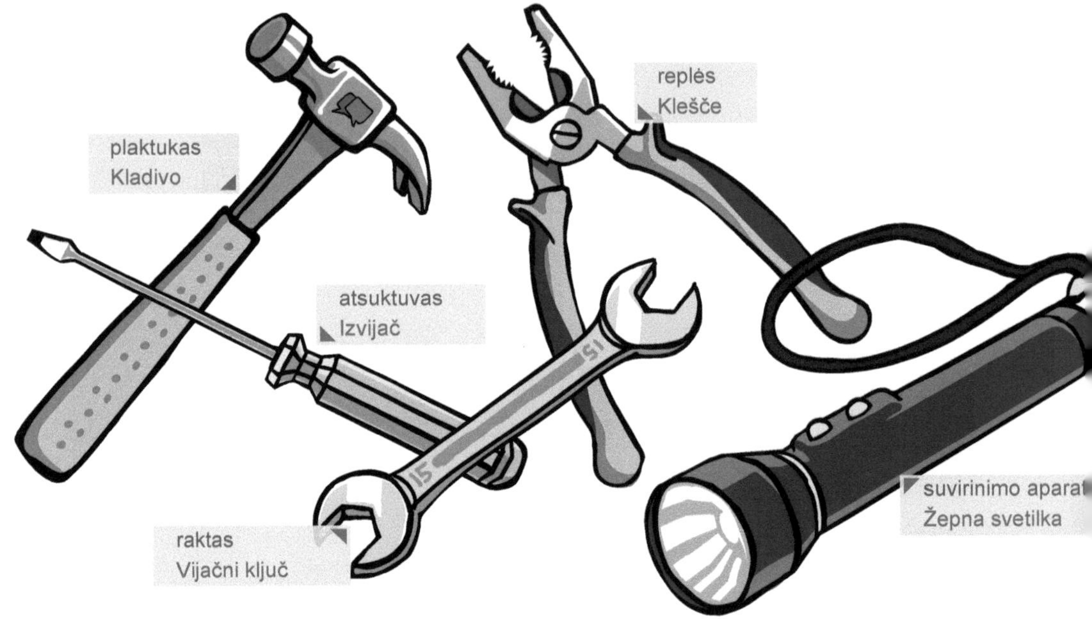

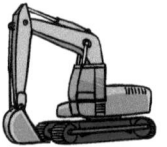

ekskavatorius

Bager

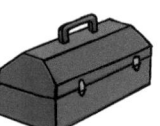

įrankių dėžė

Zaboj z orodjem

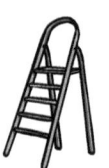

kopėčios

Lestev

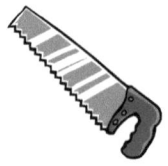

pjūklas

Žaga

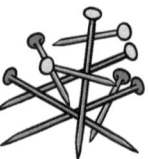

vinys

Žeblji

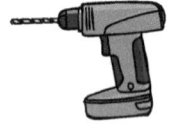

grąžtas

Vrtalnik

taisyti

Popraviti

kastuvas

Lopata

Velniava!

Šment!

semtuvėlis

Smetišnica

dažų skardinė

Posoda z barvo

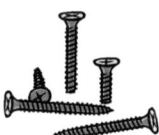

varžtai

Vijaki

muzikos instrumentai
Glasbeni instrument

garsiakalbis
Zvočnik

būgnų rinkinys
Tolkala

kontrabosas
Kontrabas

trimitas
Trobenta

gitara
Kitara

pianinas

Klavir

smuikas

Violina

bosinė gitara

Bas kitara

timpanas

Pavke

būgnai

Bobni

sintezatorius

Sintetizator

saksofonas

Saksofon

fleita

Flavta

mikrofonas

Mikrofon

zoologijos sodas
Živalski vrt

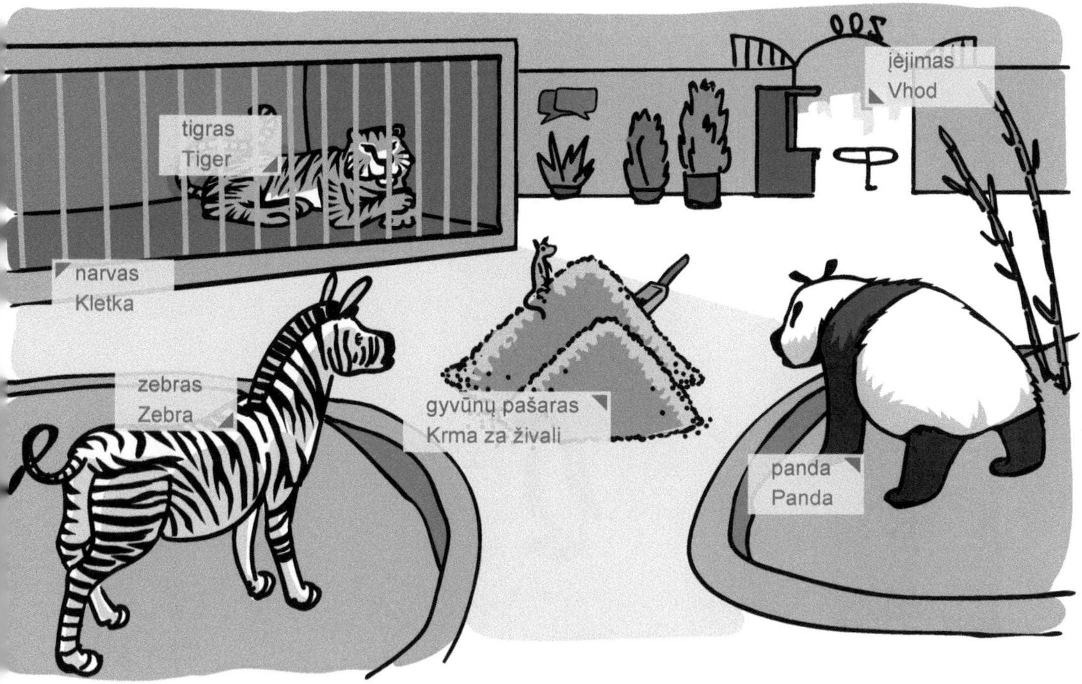

įėjimas
Vhod
tigras
Tiger
narvas
Kletka
zebras
Zebra
gyvūnų pašaras
Krma za živali
panda
Panda

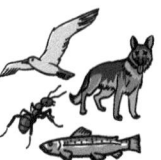

gyvūnai
Živali

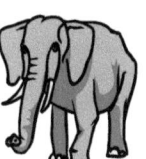

dramblys
Slon

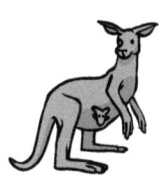

kengūra
Kenguru

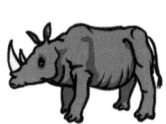

raganosis
Nosorog

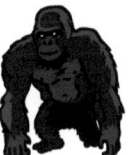

gorila
Gorila

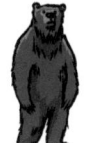

meška
Medved

kupranugaris

Kamela

strutis

Noj

liūtas

Lev

beždžionė

Opica

flamingas

Plamenec

papūga

Papagaj

baltoji meška

Severni medved

pingvinas

Pingvin

ryklys

Morski pes

povas

Pav

gyvatė

Kača

krokodilas

Krokodil

zoologijos sodo prižiūrėtojas

Oskrbnik v živalskem vrtu

ruonis

Tjulenj

jaguaras

Jaguar

ponis

Poni

leopardas

Leopard

begemotas

Povodni konj

žirafa

Žirafa

erelis

Orel

šernas

Divji prašič

žuvis

Riba

vėžlys

Želva

vėplys

Mrož

lapė

Lisica

gazelė

Gazela

amerikietiškas futbolas
Ameriški nogomet

dviračių sportas
Kolesarjenje

tenisas
Tenis

krepšinis
Košarka

plaukimas
Plavanje

ledo ritulys
Hokej

boksas
Boks

futbolas
·············
Nogomet

badmintonas
·············
Badminton

atletika
·············
Atletika

rankinis
·············
Rokomet

slidinėjimas
·············
Smučanje

polas
·············
Polo

juoktis
Smejati se

šokinėti
Skočiti

apkabinti
Objeti

vaikščioti
Hoditi

dainuoti
Peti

svajoti
Sanjati

melstis
Moliti

bučiuoti
Poljubiti

rašyti	piešti	rodyti
Pisati	Risati	Pokazati
stumti	duoti	imti
Potisniti	Dati	Vzeti

turėti
Imeti

daryti
Narediti

būti
Biti

stovėti
Stati

bėgti
Teči

traukti
Vleči

mesti
Vreči

kristi
Pasti

meluoti
Ležati

laukti
Čakati

nešti
Nositi

sėdėti
Sedeti

rengtis
Obleči se

miegoti
Spati

pabusti
Zbuditi se

užsiėmimai - Dejavnosti

žiūrėti

Gledati

verkti

Jokati

glostyti

Božati

šukuoti

Česati se

kalbėti

Govoriti

suprasti

Razumeti

paklausti

Vprašati

klausytis

Poslušati

gerti

Piti

valgyti

Jesti

tvarkytis

Pospraviti

mylėti

Ljubiti

gaminti

Kuhati

vairuoti

Voziti

skristi

Leteti

buriuoti

Jadrati

skaičiuoti

Računanje

skaityti

Brati

mokytis

Učiti se

dirbti

Delati

vesti

Poročiti se

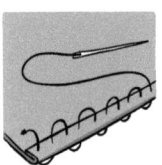

siūti

Šivati

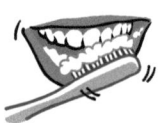

valytis dantis

Ščetkati si zobe

žudyti

Ubiti

rūkyti

Kaditi

siųsti

Poslati

senelė
Stara mati

senelis
Stari oče

tėvas
Oče

motina
Mati

kūdikis
Dojenček

dukra
Hči

sūnus
Sin

svečias
Gost

teta
Teta

dėdė
Stric

brolis
Brat

sesuo
Sestra

kūnas

Telo

kakta
Čelo
akis
Oko
veidas
Obraz
smakras
Brada
pirštas
Prst
plaštaka
Dlan
krūtinė
Prsi
ranka
Roka
petys
Rama
koja
Noga

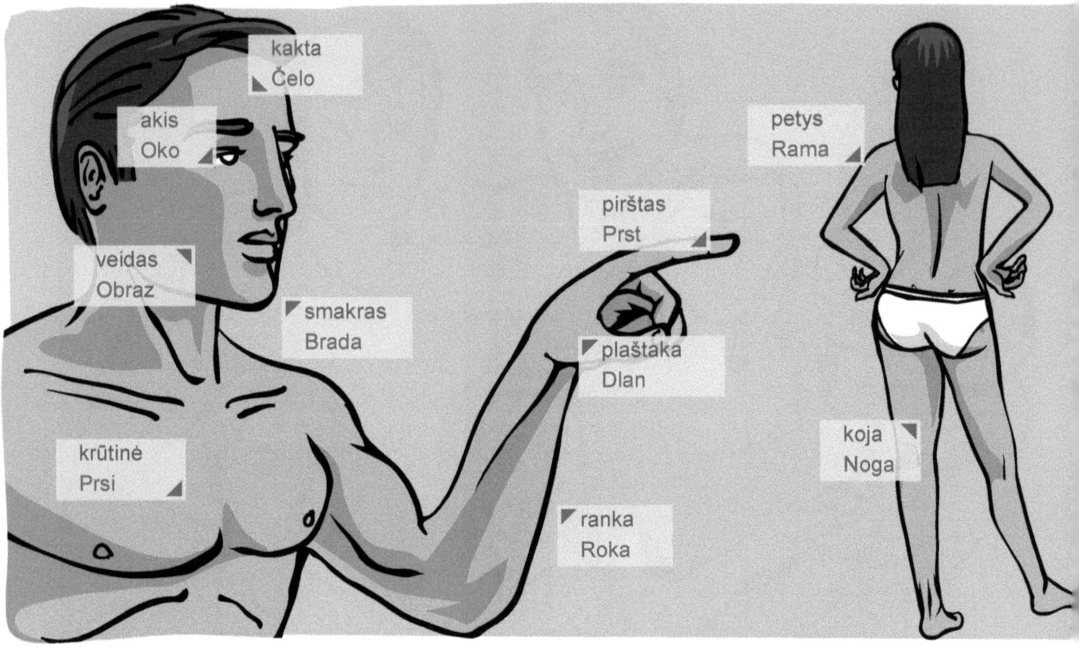

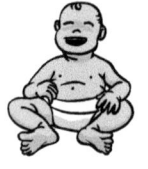

kūdikis

Dojenček

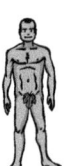

vyras

Človek

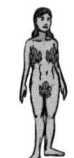

moteris

Ženska

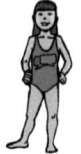

mergaitė

Dekle

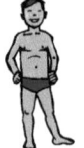

berniukas

Fant

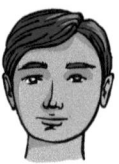

galva

Glava

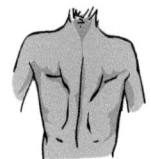

nugara

Hrbet

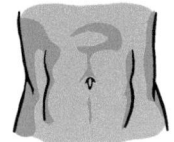

pilvas

Trebuh

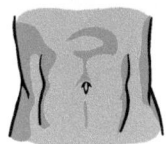

bamba

Popek

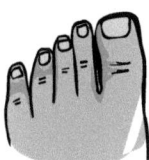

kojos pirštas

Prst na nogi

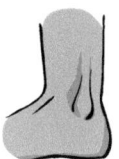

kulnas

Peta

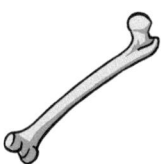

kaulas

Kost

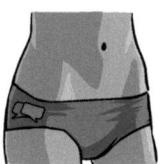

klubas

Kolk

kelis

Koleno

alkūnė

Komolec

nosis

Nos

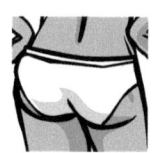

sėdmenys

Zadnjica

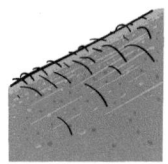

oda

Koža

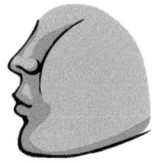

skruostas

Lice

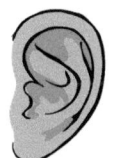

ausis

Uho

lūpa

Ustnica

burna

Usta

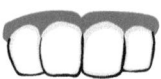

dantis

Zob

liežuvis

Jezik

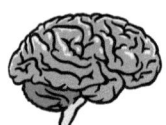

smegenys

Možgani

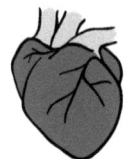

širdis

Srce

raumuo

Mišica

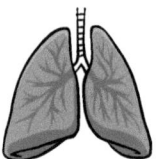

plaučiai

Pljuča

kepenys

Jetra

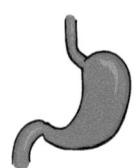

skrandis

Želodec

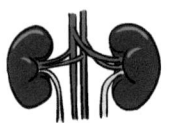

inkstai

Ledvice

seksas

Spolni odnos

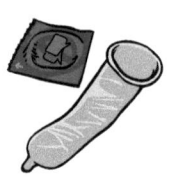

prezervatyvas

Kondom

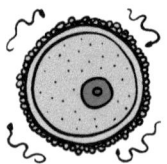

kiaušialąstė

Jajčece

sperma

Semenska tekočina

nėštumas

Nosečnost

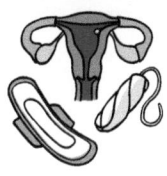

menstruacijos

Menstruacija

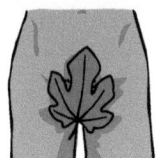

makštis

Vagina

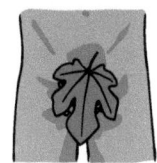

varpa

Penis

antakis

Obrv

plaukai

Lasje

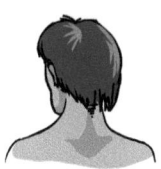

kaklas

Vrat

ligoninė

Bolnišnica

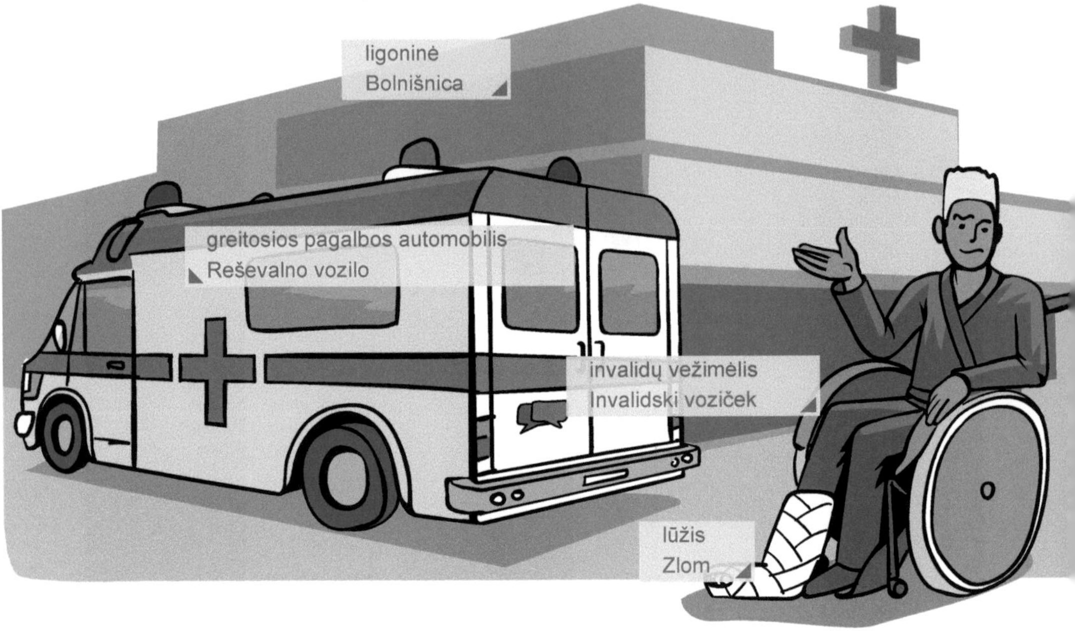

ligoninė
Bolnišnica
greitosios pagalbos automobilis
Reševalno vozilo
invalidų vežimėlis
Invalidski voziček
lūžis
Zlom

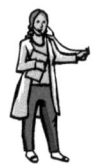

gydytojas

Zdravnik

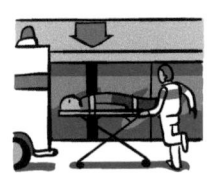

skubios pagalbos skyrius

Urgenca

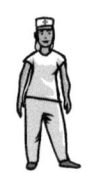

slaugytoja

Medicinska sestra

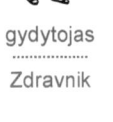

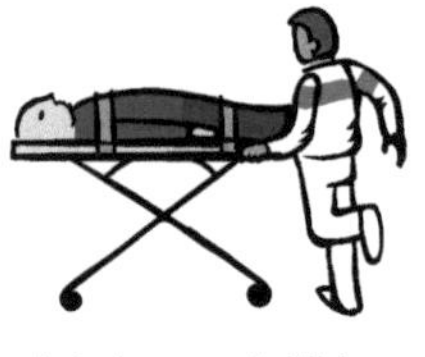

nelaimingas atsitikimas

Nujni primer

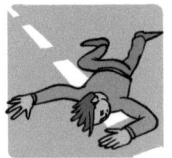

be sąmonės

Nezavesten

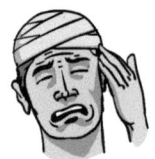

skausmas

Bolečina

sužalojimas

Poškodba

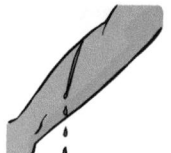

kraujavimas

Krvavenje

širdies smūgis

Srčni infarkt

insultas

Kap

alergija

Alergija

kosulys

Kašelj

karščiavimas

Vročina

gripas

Gripa

viduriavimas

Driska

galvos skausmas

Glavobol

vėžys

Rak

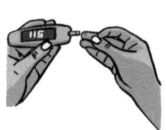

diabetas

Sladkorna bolezen

chirurgas

Kirurg

skalpelis

Skalpel

operacija

Operacija

KT
··············
CT

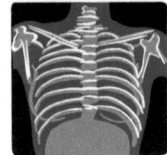

rentgenas
··············
Rentgen

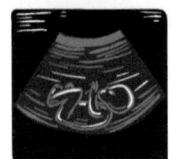

ultragarsas
··············
Ultrazvok

veido kaukė
··············
Obrazna maska

liga
··············
Bolezen

laukiamasis
··············
Čakalnica

ramentas
··············
Bergla

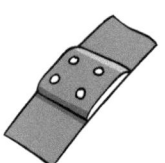

gipsas
··············
Obliž

tvarstis
··············
Preveza

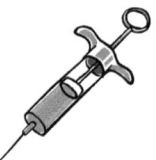

injekcija
··············
Injekcija

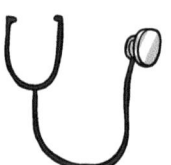

stetoskopas
··············
Stetoskop

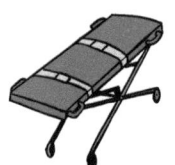

neštuvai
··············
Nosila

termometras
··············
Klinični termometer

gimimas
··············
Porod

antsvoris
··············
Prekomerna teža

klausos aparatas

Slušni pripomoček

dezinfekavimo priemonė

Razkužilo

infekcija

Okužba

virusas

Virus

ŽIV / AIDS

HIV / AIDS

vaistas

Medicina

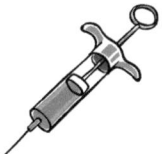

skiepijimas

Cepljenje

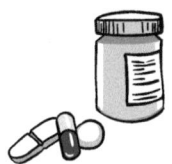

tabletės

Tablete

piliulė

Tableta

skubios pagalbos numeris

Klic v sili

kraujospūdžio matuoklis

Merilnik krvnega tlaka

ligotas / sveikas

bolano / zdravo

Padėkite!

Na pomoč!

pavojaus signalas

Alarm

užpuolimas

Napad

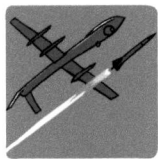

ataka

Napad

pavojus

Nevarnost

avarinis išėjimas

Izhod v sili

Gaisras!

Gori!

gesintuvas

Gasilni aparat

nelaimingas atsitikimas

Nezgoda

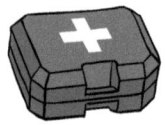

pirmosios pagalbos rinkinys

Komplet za prvo pomoč

SOS

SOS

policija

Policija

Europa

Evropa

Šiaurės Amerika

Severna Amerika

Pietų Amerika

Južna Amerika

Afrika

Afrika

Azija

Azija

Australija

Avstralija

Atlanto vandenynas

Atlantski ocean

Ramusis vandenynas

Tihi ocean

Indijos vandenynas

Indijski ocean

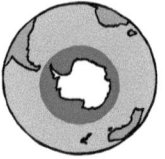

Pietų vandenynas

Južni ocean

Arkties vandenynas

Arktični ocean

Šiaurės ašigalis

Severni tečaj

Pietų ašigalis

Južni tečaj

Antarktida

Antarktika

Žemė

Zemlja

sausuma

Kopno

jūra

Morje

sala

Otok

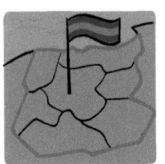

tauta

Narod

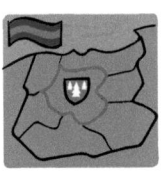

valstybė

Država

ciferblatas

Številčnica

valandinė rodyklė

Urni kazalec

minutinė rodyklė

Minutni kazalec

sekundinė rodyklė

Sekundni kazalec

Kiek valandų?

Koliko je ura?

diena

Dan

laikas

Čas

dabar

Zdaj

skaitmeninis laikrodis

Digitalna ura

minutė

Minuta

valanda

Ura

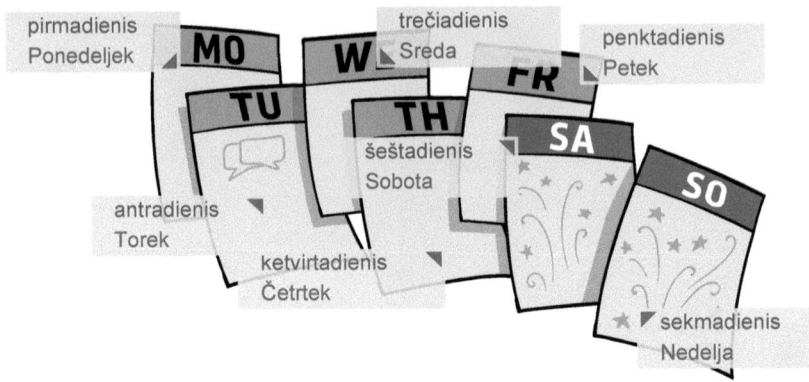

pirmadienis
Ponedeljek

trečiadienis
Sreda

penktadienis
Petek

šeštadienis
Sobota

antradienis
Torek

ketvirtadienis
Četrtek

sekmadienis
Nedelja

vakar

Včeraj

šiandien

Danes

rytoj

Jutri

rytas

Jutro

vidurdienis

Poldne

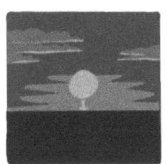

vakaras

Večer

MO	TU	WE	TH	FR	SA	SU
1	2	3	4	5	6	7
8	9	10	11	12	13	14
15	16	17	18	19	20	21
22	23	24	25	26	27	28
29	30	31	1	2	3	4

darbo dienos

Delovni dnevi

MO	TU	WE	TH	FR	SA	SU
1	2	3	4	5	6	7
8	9	10	11	12	13	14
15	16	17	18	19	20	21
22	23	24	25	26	27	28
29	30	31	1	2	3	4

savaitgalis

Konec tedna

metai

Leto

lietus
Dež
vaivorykštė
Mavrica
vėjas
Veter
sniegas
Sneg
pavasaris
Pomlad
vasara
Poletje
ruduo
Jesen
žiema
Zima

4.APRIL 11°
5.APRIL 4°
6.APRIL 13°
7.APRIL 8°
8.APRIL 10°

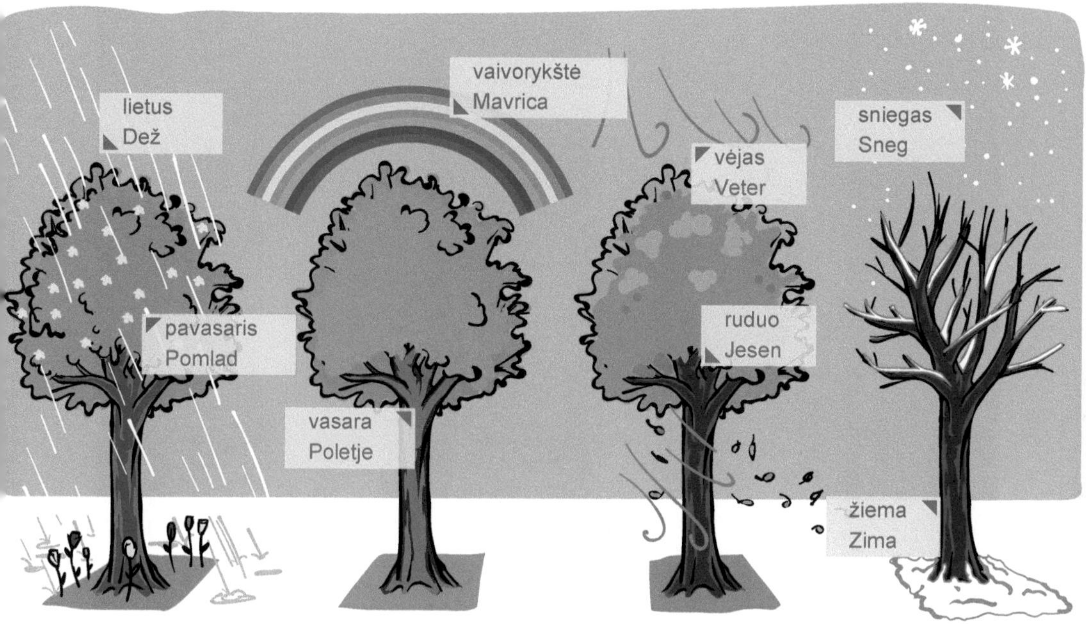

orų prognozė

Vremenska napoved

F C
120 40
90 30
60 20
30 10
0 0
-30 -10
-20

lauko termometras

Termometer

saulės šviesa

Sončna svetloba

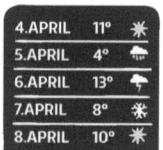

debesis

Oblak

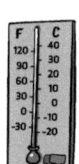

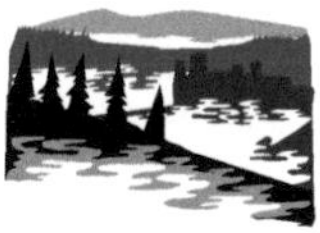

rūkas

Megla

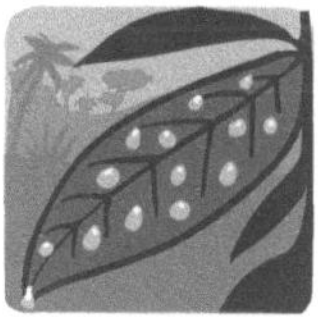

drėgmė

Vlažnost

žaibas

Strela

griaustinis

Grom

audra

Nevihta

kruša

Toča

musonas

Monsun

potvynis

Poplava

ledas

Led

sausis

Januar

vasaris

Februar

kovas

Marec

balandis

April

gegužė

Maj

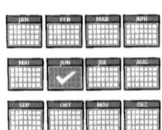

birželis

Junij

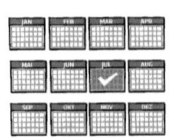

liepa

Julij

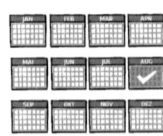

rugpjūtis

Avgust

rugsėjis
....
September

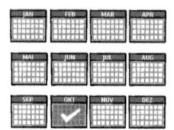

spalis
....
Oktober

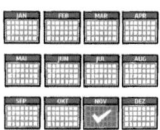

lapkritis
....
November

gruodis
....
December

apskritimas
....
Krogla

kvadratas
....
Kvadrat

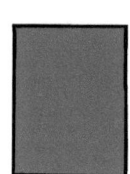

stačiakampis
....
Pravokotnik

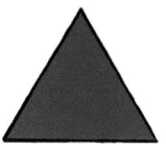

trikampis
....
Trikotnik

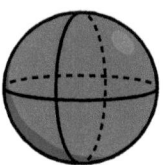

sfera
....
Krogla

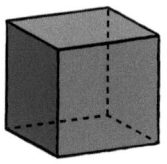

kubas
....
Kocka

balta

Bela

geltona

Rumena

oranžinė

Oranžna

rožinė

Rožnata

raudona

Rdeča

violetinė

Vijolična

mėlyna

Modra

žalia

Zelena

ruda

Rjava

pilka

Siva

juoda

Črna

daug / mažai

veliko / malo

piktas / ramus

jezno / umirjeno

gražus / bjaurus

lepo / grdo

pradžia / pabaiga

začetek / konec

didelis / mažas

veliko / majhno

šviesus / tamsus

svetlo / temno

brolis / sesuo

brat / sestra

švarus / purvinas

čisto / umazano

užbaigtas / neužbaigtas

popolno / nepopolno

diena / naktis

dan / noč

miręs / gyvas

mrtvo / živo

platus / siauras

široko / ozko

valgomas / nevalgomas

užitno / neužitno

piktas / malonus

zlobno / prijazno

linksmas / nuobodus

vznemirjeno / zdolgočaseno

storas / plonas

debelo / vitko

pirmiausia / paskiausia

prvo / zadnje

draugas / priešas

prijatelj / sovražnik

pilnas / tuščias

polno / prazno

kietas / minkštas

trdo / mehko

sunkus / lengvas

težko / lahko

alkis / troškulys

lakota / žeja

ligotas / sveikas

bolano / zdravo

nelegalus / legalus

nezakonito / zakonito

protingas / kvailas

pametno / neumno

kairė / dešinė

levo / desno

arti / toli

blizu / daleč

naujas / naudotas

novo / rabljeno

niekas / kažkas

nič / nekaj

senas / jaunas

staro / mlado

įjungta / išjungta

vklopljeno / izklopljeno

atidaryta / uždaryta

odprto / zaprto

tylus / garsus

tiho / glasno

turtingas / vargšas

bogato / revno

teisus / neteisus

prav / narobe

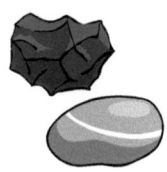

šiurkštus / švelnus

grobo / gladko

liūdnas / laimingas

žalostno / veselo

trumpas / ilgas

kratko / dolgo

lėtas / greitas

počasi / hitro

drėgnas / sausas

mokro / suho

šiltas / šaltas

toplo / hladno

karas / taika

vojna / mir

0

nulis

Ničla

1

vienas

Ena

2

du

Dva

3

trys

Tri

4

keturi

Štiri

5

penki

Pet

6

šeši

Šest

7

septyni

Sedem

8

aštuoni

Osem

9

devyni

Devet

10

dešimt

Deset

11

vienuolika

Enajst

12

dvylika

Dvanajst

13

trylika

Trinajst

14

keturiolika

Štirinajst

15

penkiolika

Petnajst

16

šešiolika

Šestnajst

17

septyniolika

Sedemnajst

18

aštuoniolika

Osemnajst

19

devyniolika

Devetnajst

20

dvidešimt

Dvajset

100

šimtas

Sto

1.000

tūkstantis

Tisoč

1.000.000

milijonas

Milijon

skaičiai - Števila

anglų

Angleščina

amerikiečių anglų

Ameriška angleščina

kinų (mandarinų)

Mandarinščina

hindi

Hindujščina

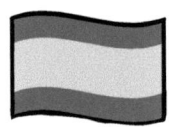

ispanų

Španščina

prancūzų

Francoščina

arabų

Arabščina

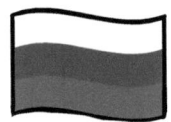

rusų

Ruščina

portugalų

Portugalščina

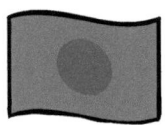

bengalų

Bengalščina

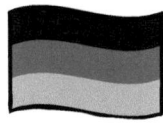

vokiečių

Nemščina

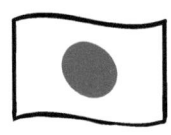

japonų

Japonščina

aš

Jaz

tu

Ti

jis / ji

On / ona / tisto

mes

Mi

jūs

Vi

jie

Oni

kas?

Kdo?

ką?

Kaj?

kaip?

Kako?

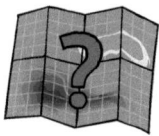

kur?

Kje?

kada?

Kdaj?

vardas

Ime

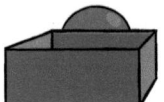

už
....
Zadaj

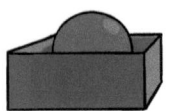

kur (vieta)
....
V

priešais
....
Pred

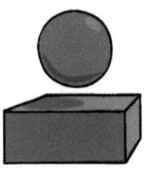

virš
....
Nad

ant
....
Na

po
....
Pod

prie
....
Poleg

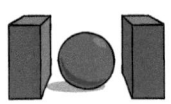

tarp
....
Med

vieta
....
Kraj